AU PROFIT DE LA SOCIÉTÉ DES ARTISTES

HÉROLD

SOIRÉE COMMEMORATIVE

DONNÉE

AU GRAND-THÉATRE DE BORDEAUX

LE 28 JANVIER 1877

BORDEAUX
TYPOGRAPHIE AUGUSTE BORD
91, rue Porte-Dijeaux, 91
1877

HÉROLD

AU PROFIT DE LA SOCIÉTÉ DES ARTISTES

HÉROLD

Soirée Commémorative

DONNÉE

AU GRAND-THÉATRE DE BORDEAUX

LE 28 JANVIER 1877

BORDEAUX
TYPOGRAPHIE AUGUSTE BORD
91, rue Porte-Dijeaux, 91

1877

HÉROLD

Ce n'est pas dans une brochurette du format de celle-ci que l'on peut faire connaître, comme il le mérite, un musicien aussi illustre que l'est l'auteur de *Marie*, du *Pré-aux-Clercs* et de *Zampa*. Dans la vie d'un homme de génie, rien n'est indifférent ; les événements les plus futiles en apparence, sont de véritables épisodes qui ont eu une influence heureuse ou néfaste sur l'ensemble de l'existence. L'analyse littéraire, telle que les meilleurs écrivains l'ont toujours faite, est une patiente recherche de tous les faits qui se relient, même de la façon la plus indirecte, à l'individualité qu'ils apprécient. Cette tâche, bien séduisante, serait trop étendue pour notre cadre ; nous sommes obligés de nous borner à une condensation de la vie d'Hérold : nous ne pouvons promettre que nous la ferons intéressante, mais nous garantissons qu'elle sera sincère et exacte.

Louis-Joseph-Ferdinand Hérold est né à Paris, le 28 janvier 1791, au numéro 30 de la rue des Vieux-Augustins (aujourd'hui la rue d'Argout). Il naquit un vendredi ; ce qui a, peut-être préoccupé des fatalistes. Son père, François-Joseph, habitait Paris depuis 1781 ; il donnait des leçons de piano ; Louis Adam, le père d'Adolphe Adam, l'auteur du *Chalet*, fut le parrain de Ferdinand.

Hérold reçut à l'institution Hix une solide instruction classique ; il était bon élève et avait des prix ; son éducation musicale fut commencée par Louis Adam, qui lui enseignait le piano, et par Fétis, qui était professeur de solfége dans le pensionnat; ses progrès étaient rapides.

A l'âge de onze ans, Hérold perdit son père. Madame Hérold, qui n'avait pas de fortune, aurait peut-être poussé son fils dans la carrière administrative, mais, avant que de le faire, elle voulut savoir ce que promettaient les tendances artistiques qu'il manifestait; elle alla montrer un morceau de composition musicale à Grétry. L'auteur de *Richard Cœur-de-Lion* répondit à Madame Hérold de l'avenir musical du bambin. Comme l'on voit, la carrière du grand musicien a tenu à fort peu de chose, et sans la prévoyance admirable de sa mère, Hérold serait peut-être devenu un excellent chef de bureau dans un ministère, mais n'aurait pas écrit *Zampa* et le *Pré-aux-Clercs*. La pauvre femme a pu voir ces deux chefs-d'œuvre, car elle a survécu de quelques années à son fils.

Au Conservatoire, où il entra le 6 octobre 1806, Hérold eut pour professeurs d'illustres maîtres : Catel lui enseigna l'harmonie; Fétis, le solfége; Louis Adam, le piano, et Kreutzer l'aîné, le violon. Hérold était, sur ces deux instruments, un virtuose de premier ordre. Au Conservatoire, il remporta trois prix, et, en 1812, il concourut pour le grand prix de Rome; il l'obtint par une cantate intitulée : *Mademoiselle de La Vallière*. Depuis l'année précédente, Hérold avait pour professeur de composition Méhul, envers qui il témoigna toujours de la plus sincère admiration, et d'un respect vraiment filial.

Hérold, en compagnie des lauréats de l'année, parmi lesquels se trouvaient Rude et David (d'Angers), partit pour Rome; il y resta un an, et, de là, se rendit à Naples où il fut très-bien accueilli par le roi; il donna même des leçons de piano aux filles de Joachim Murat. Par parenthèse, l'une d'elles devint amoureuse de lui, mais il ne le sut que six ans plus tard; la chose n'eut aucune influence sur sa destinée, non plus que sur ses sentiments.

Tourmenté du besoin de produire, il fit accepter au

théâtre del Fondo un *opera buffa* en deux actes, du *signor poeta* Landriani : *La Gioventu d'Enrico Quinto.*

Les Napolitains, qui se sont toujours tenus pour les premiers musiciens du monde, firent très-bon accueil à l'œuvre du jeune français. *La Jeunesse d'Henri V* alla aux nues : *Alle stelle*, comme écrit Hérold à sa mère après la représentation.

Le jeune artiste se sentait poussé vers la musique allemande. Un beau jour, il quitte sa chère Naples, repasse à Rome, où il reste fort peu, et arrive à Venise. On était en 1815; l'empereur Napoléon venait de débarquer à Fréjus; l'Europe était alarmée et tout français passait pour un espion. Pour se rendre à Vienne, il fallait des passe-ports, des visa, des autorisations; Hérold les sollicita et ne les obtint pas. Comme il a vingt-quatre ans, qu'il veut se rendre à Vienne à toute force, qu'il est artiste, il part à l'aventure, et, après un périlleux voyage, arrive enfin dans la ville de ses désirs. La police autrichienne, ombrageuse, l'inquiète, il n'a point de papiers qui établissent son identité, il va solliciter l'appui du musicien Salieri qui lui gagne les bonnes grâces de l'ambassadeur français, l'illustre prince de Talleyrand.

Hérold peut, paisiblement, entendre la musique de ses rêves : la musique allemande ! L'histoire de son séjour à Vienne est des plus intéressantes, mais nous entraînerait à des détails, sans doute fort précieux, mais trop longs pour notre cadre restreint.

Il peut écouter du Mozart, fait la connaissance personnelle du célèbre Hummel; il ne put pas voir le grand Beethoven, qui était à Vienne, mais y vivait très-retiré.

En septembre 1815, Hérold rentre à Paris. Il se met en quête de livrets d'opéra, car il arrive la tête pleine d'idées qui n'attendent qu'un peu de soleil pour éclore : le soleil, c'est un bon poème.

Madame Catalani était à cette époque, par faveur ministérielle, la directrice du Théâtre-Italien; Hérold accepte un modeste emploi à son théâtre, mais la caisse un beau jour, montre ses flancs dévastés : voilà notre musicien sur le pavé. Il est vrai que d'un côté on lui fait espérer la place de directeur de la musique du duc de Berry, et que Madame Catalani, d'un autre, lui offre l'emploi de compositeur-accompagnateur pour une tournée à travers l'Europe.

Hérold, après bien des hésitations, signe avec Madame Catalani; pourtant celle-ci part, et Hérold reste à Paris : une offre de Boïeldieu, l'y a retenu. Celui-ci, souffrant, lui proposait de collaborer à l'opéra de *Charles de France*, œuvre commandée à l'occasion du mariage de Monseigneur le duc de Berry. Hérold accepte avec joie, et *Charles de France* est représenté à l'Opéra-Comique le 18 juin 1816.

L'année suivante, il donne à Feydeau *les Rosières*, écrit sur un livret de Théaulon; il dédie son œuvre à « Monsieur Méhul » comme il a toujours appelé son maître. Huit mois après, il faisait représenter *la Clochette*, opéra féerique, dont le sujet était tiré du conte arabe d'Aladin. *La Clochette* appela tout Paris, et Méhul, sur son lit de mort, en apprenant le succès que remportait son élève, s'écria : « Je peux mourir, je laisse un musicien à la France ! »

Hérold, après ce succès, reste dix-huit mois sans écrire pour le théâtre, faute de livrets. Le 28 septembre 1818, il donne à l'Opéra-Comique : *Le Premier Venu*, paroles de Vial et de Planard, qui n'obtient qu'un succès d'estime; puis *les Troqueurs* (18 février 1819) qui subissent le même sort. Découragé, il retire *l'Amour platonique*, qui était en répétitions et, écrit, sur un poème de Planard, *l'Auteur mort et vivant*, opéra qui est froidement accueilli.

En 1821, Hérold fut chargé d'aller en Italie recruter des chanteurs pour le Théâtre-Italien; c'est lui qui ramena la Pasta et Galli.

Il remplit cette mission difficile avec une délicatesse de goût rare et une remarquable probité. C'est pendant ce voyage qu'il entendit bon nombre d'œuvres de Rossini; il en fut enthousiasmé ! Le journal d'Hérold, écrit bien plutôt pour lui que pour la publicité, est plein d'appréciations très-fines sur tous les chanteurs italiens en renom.

Quand Hérold revint à Paris, il était pauvre d'argent, (son revenu atteignant à peine à 2,000 francs), mais riche de science et riche d'avenir. Il accepta de Paul de Kock le livret du *Mulctier*, qui fut joué à Feydeau, le 12 mai 1821. Ce fut un succès. La partition a une couleur italienne très-séduisante, et l'orchestration est très-forte.

Le 8 septembre de la même année, à l'Opéra, fut joué *Lasthénie* ; la pièce fut sifflée; elle contient cependant de belles pages. En collaboration avec Auber, il écrivit ensuite *Vendôme en Espagne*, joué le 5 décembre 1823, à l'occasion du retour d'Espagne du duc d'Angoulême.

Depuis quelque temps déjà, Hérold était tourmenté de la fièvre du mariage; son journal est curieux à lire à cette époque. Le musicien ne sait pas « s'il se mariera » ou « s'il ne fera pas mieux d'écrire une partition. » Ne pouvant se décider, il fait une troisième chose ! qui est d'acheter une maison de 110,000 francs. Le voilà propriétaire et bourgeois: pas pour longtemps, car il n'a pu payer que partie du prix et 'immeuble ne donne pas de gros revenus..... Pour chasser les ennuis qui l'assaillent, Hérold écrit *le Lapin blanc*, qui tombe à plat le 21 mai 1825; cette lutte lui fournit le prétexte à un plaidoyer des plus spirituels en faveur de son *Lapin blanc* qui, malgré cela, est resté enseveli dans l'oubli.

Le 12 août 1826 est une date solennelle dans la vie d'Hérold, c'est ce soir là que fut joué *Marie*, dont le succès fut si grand et si rapide. Cette même année, l'éminent compositeur fut nommé chef de chant de l'Opéra.

En 1827, il se maria, quitta sa fameuse maison de 110,000 francs, et alla s'installer dans la rue Demours, aux Ternes, au numéro 14 actuel: c'est là qu'il est mort.

De 1827 à 1830, Hérold composa six ballets : Astolphe et Joconde (29 janvier 1827); la Somnambule (19 septembre 1827); Lydie (2 juillet 1828); la Fille mal gardée

(17 novembre 1828); la Belle au Bois dormant (27 avril 1829), et les Noces du Village (21 février 1830).

M. Ozaneaux avait écrit, pour l'Odéon, un drame en trois actes, en vers, intitulé le *Dernier Jour de Missolonghi*, Hérold y ajouta une ouverture et des chœurs, qui sont de magnifiques pages. Le drame, représenté le 10 avril 1828 eut un grand succès, surtout à cause de la musique.

Nous touchons au terme de la vie du grand musicien; encore deux années, et cette nature, si riche et si poétique, s'éteindra, mais elle aura créé deux immortels chefs-d'œuvre : *Zampa* et le *Pré-aux-Clercs*; celui-ci sera le chant du cygne.

Le 18 juillet 1829, Hérold fait représenter à la Salle Ventadour, un petit acte, *l'Illusion*, qui, joué trente-une fois de suite, fournit en tout soixante-dix-neuf représentations.

L'insuccès *d'Emmeline*, opéra, représenté le 28 novembre suivant, porta un coup funeste à la santé d'Hérold : le livret était mauvais.

Nous arrivons au 31 mai 1831 : c'est ce soir là, un mardi, que fut joué dans la salle de l'Opéra-Comique, *Zampa*, qui a mis le comble à la gloire d'Hérold.

L'œuvre avait été répétée pendant vingt-six jours consécutifs. Le directeur de la salle Ventadour, M. Lubbert, avait placé sur *Zampa* la fortune de son théâtre : le succès fut complet, éblouissant. Ce fut M. Valentino, chef de l'orchestre de l'Opéra, qui conduisit l'orchestre.

Une des meilleures analyses musicales de *Zampa* est celle de Castil Blaze, qui y consacra trois feuilletons du *Journal des Débats*.

Dans *Zampa*, l'influence de Weber est frappante; la musique d'Hérold, aussi pénétrante que celle de l'auteur du *Freyschütz*, a peut-être plus de brillant et plus d'éclat.

Entre *Zampa* et le *Pré-aux-Clercs*, Hérold collabora à la partition de la *Marquise de Brainvilliers*; il donna aussi à l'Opéra-Comique une bagatelle en un acte :

La Médecine sans Médecin (octobre 1832). Le livret, quoique de Scribe, en est aussi piètre que la musique en est agréable.

Le 15 décembre 1832 eut lieu à l'Opéra-Comique, la première représentation du *Pré-aux-Clercs* : c'est, nous l'avons dit, la dernière œuvre de l'éminent compositeur ; elle détermina sa mort. Fatigué et surmené par les répétitions, il n'eut pas la force de supporter son dernier triomphe.

Appelé par deux mille voix qui acclamaient son nom avec frénésie, il ne put venir sur la scène : l'émotion avait déterminé chez l'illustre musicien une crise violente ; il fallut l'emporter chez lui et le coucher sur le lit où il allait mourir.

Un mois après, Hérold s'éteignit dans sa maison des Ternes, le samedi 19 janvier 1833, à l'âge de quarante-deux ans moins neuf jours. Les funérailles eurent lieu le 21, avec beaucoup de solennité. Des discours furent prononcés sur sa tombe par M. Fétis et M. de Saint-Georges. Le vieux musicien Berton, l'auteur de *Montano*, vint, au nom de l'Académie, apporter une palme verte pour la déposer sur les restes du chantre de *Zampa* : sa douleur ne lui permit pas de dépasser la grille du cimetière.

Hérold avait de grandes qualités privées qui le firent pleurer de bien des gens. Il s'était marié, avons-nous dit, en 1827 ; il laissait trois enfants, dont l'un est devenu le célèbre avocat que l'on sait, sénateur, membre actuel du Conseil Municipal de Paris.

L'auteur de *Zampa* avait laissé un opéra inachevé : *Ludovic*, qu'Halévy termina.

Il avait écrit beaucoup de notes précieuses, mais incomplètes, sur la musique, sous le titre : « Cahier rempli de sottises plus ou moins grandes, rassemblées en forme de principes par moi. »

Avant de finir, nous citerons un mot de Meyerbeer sur Hérold, au sujet de la part active qu'il avait prise aux répétitions de *Robert le Diable* comme chef du chant à l'Opéra : « C'était un homme loyal et un grand artiste, » dit un jour l'auteur des *Huguenots* à M. Hérold fils. Cet éloge est précieux venant d'un homme de génie, qui n'était pas prodigue de louanges.

Hérold avait été décoré en 1828, mais il aimait mieux son bonheur privé que sa gloire : il ne l'a eue telle qu'il la méritait qu'après sa mort.

Son titre le plus grand à notre reconnaissance est d'avoir ouvert la voie à la musique française : au-delà du Rhin, au-delà des Alpes, le *Pré-aux-Clercs* et *Zampa* surtout, sont acclamés et appréciés à leur vraie valeur.

A Milan, au Théâtre de la Scala, sur le rideau, se trouvent trois noms tracés en lettre d'or : Mozart, Rossini et Hérold, les trois plus grands représentants de l'opéra allemand, de l'opéra italien, et de l'opéra français.

Cet hommage est le plus éclatant que notre illustre compatriote pût recevoir.

ÉDOUARD R...
Rédacteur de la VICTOIRE.

Bordeaux. — Imp. A. BORD, rue Porte-Dijeaux, 91.